Les durs de durs du hockey

Paul Romanuk

Texte français de
Yves d'Avignon avec la collaboration de Lucie Duchesne

Les éditions Scholastic

BOB BAUN

Bobby Baun a joué durant 17 saisons dans la LNH et il n'a inscrit que 37 buts en carrière, sans jamais dépasser le total de huit filets en une saison. Pourtant, c'est grâce à l'un de ses buts que son nom fait partie de l'histoire du circuit.

Bobby Baun établit sa réputation de dur à cuire durant les années 60 à titre de défenseur pour les Maple Leafs de Toronto. Baun, et son compagnon de jeu Carl Brewer, était une des pierres angulaires de cette grande équipe. Les deux joueurs ont surtout laissé leurs marques pour leur jeu physique, cherchant toujours à surprendre un adversaire, la tête basse.

Le 26 avril 1964, les Leafs disputaient la sixième rencontre de la grande finale (la saison se terminait plus tôt avant l'expansion de 1967-1968). Toronto n'avait gagné que deux des cinq premiers matchs et faisait donc face à l'élimination. En troisième période, un joueur du Detroit s'est avancé en territoire adverse et a décoché un tir frappé qui a atteint Baun à la cheville. Baun a dû être transporté sur une civière. Le sort en était presque jeté pour les Leafs, mais les joueurs ont redoublé d'ardeur, ont pu égaler le pointage à 3-3 et forcer la tenue d'une prolongation.

Sans tenir compte de l'avis des médecins, Baun a demandé que sa cheville soit bien bandée et anesthésiée pour pouvoir revenir au jeu. Baun était prêt pour la prolongation.

La première période supplémentaire n'a pas pris de temps avant d'annoncer un gagnant. Après 103 secondes de jeu, Baun s'est emparé de la rondelle et a tiré en direction du gardien des Wings, Terry Sawchuk. Mais la rondelle a dévié sur le défenseur Bill Gadsby pour franchir la ligne rouge. Victoire de 4-3 des Leafs sur les Wings. Les Leafs ont remporté par la marque de 4-0 et mérité une troisième coupe Stanley consécutive. À l'issue de la série, plusieurs joueurs des Leafs ont admis que le but décisif de Baun dans le sixième match, inscrit malgré une fracture à la cheville, avait été le point tournant de cette conquête de la coupe.

Depuis, Baun se fait encore poser des questions sur ce but. L'exploit de Baun doit être considéré comme une des grandes démonstrations de courage dans l'histoire de la LNH.

Né le 9 septembre 1936, à Lanigan (Saskatchewan)

17 saisons, de 1956-1957 à 1972-1973

Équipes : Maple Leafs de Toronto, Red Wings de Detroit, Seals d'Oakland

Statistiques

MJ	B	A	PTS
964	37	187	224

Bob BAUN

DINO CICCARELLI

À la saison 1978-1979, Dino n'avait que 18 ans et complétait sa carrière junior au sein des Knights de London, de la Ligue de l'Ontario. Le moment était choisi pour faire l'étalage de tout son talent. Mais la saison a bien mal commencé, Ciccarelli se fracturant le fémur de la jambe droite.

Au début, les médecins ne savaient pas si Ciccarelli pourrait un jour marcher sans trop d'ennui. Quant à la carrière... La fracture était si importante qu'on a dû lui insérer une tige d'acier de 40 cm dans le but d'améliorer ses chances de guérison. Ciccarelli a surpris l'entourage médical par la rapidité de son retour sur pieds et il est revenu au jeu avec les Knights avant même la fin du calendrier.

Mais, aucune équipe n'a daigné le repêcher lors d'encan du mois de juin 1979. Cependant, un directeur général lui a offert un contrat à titre de joueur autonome. Lou Nanne, le patron des North Stars du Minnesota, avait envie de donner une chance au dynamique Ciccarelli.

En 1981, Ciccarelli a été rappelé par Minnesota à la mi-saison. Ciccarelli a terminé le calendrier en force, récoltant 30 points à ses 32 derniers matchs. C'est à ce moment qu'il a, pour la première fois, tout brûlé sur son passage : 14 buts en séries éliminatoires, un total record pour un joueur-recrue, une marque qui tient toujours à l'aube du troisième millénaire. Ciccarelli et son équipe ragaillardie se sont retrouvés à la grande finale.

Il a fermé les livres avec un total de 1 240 matchs, 608 buts et 1 200 points. Son total de buts lui confère le neuvième rang au chapitre des meilleurs buteurs en carrière.

Ciccarelli illustre très bien le fait qu'il n'est pas nécessaire d'être costaud ou de jeter les gants pour être un joueur agressif.

« J'ai compris assez rapidement qu'il me fallait jouer avec agressivité mais sans être obligé de me battre. Pour moi, il s'agit de ne jamais arrêter de jouer avec ardeur. Être agressif, c'est aussi de se relever tout de suite après un contact physique violent, de seconder un équipier et de ne jamais reculer devant l'adversaire. »

Né le 8 février 1960, à Sarnia (Ontario)

19 saisons, de 1980-1981 à 1998-1999

Équipes de la LNH : North Stars du Minnesota, Capitals de Washington, Red Wings de Detroit, Lightning de Tampa Bay et Panthers de la Floride

Statistiques

MJ	B	A	PTS
1232	608	592	1200

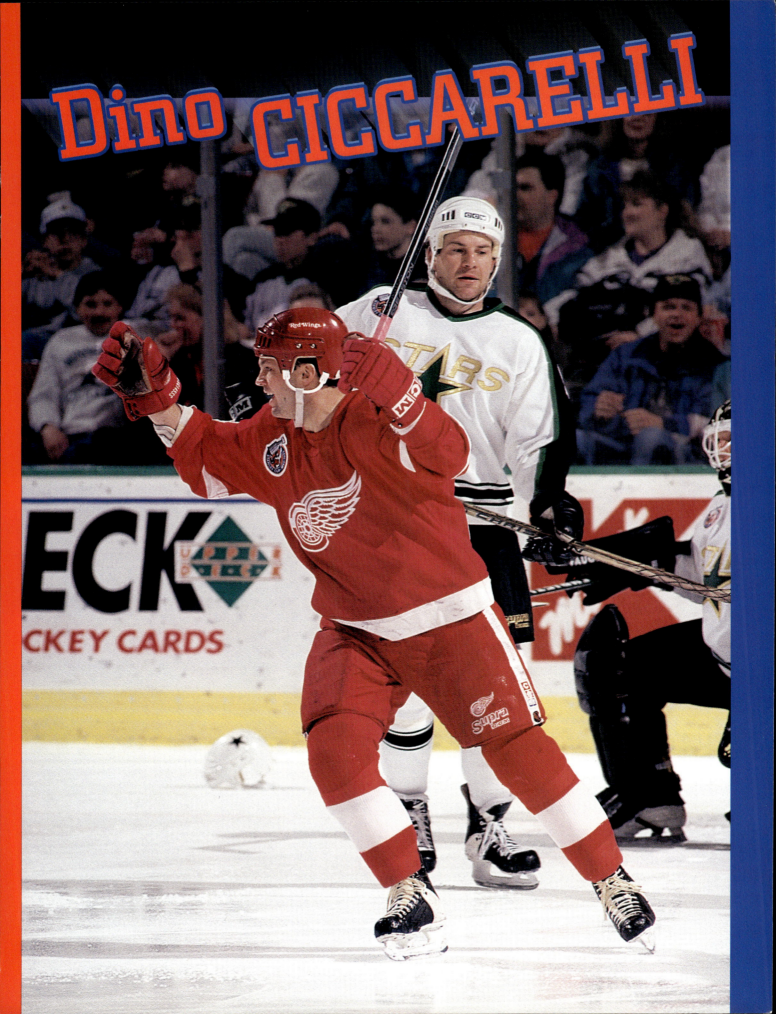

BOBBY CLARKE

Bobby Clarke est le type de joueur qui n'a jamais froid aux yeux et qui ne recule devant personne. Pourtant, certains dirigeants s'interrogeaient sur sa capacité de jouer dans la LNH. A l'âge de 15 ans, on a découvert que Clarke souffrait du diabète et qu'il aurait recours à des injections d'insuline pour le reste de sa vie.

On comprend aisément pourquoi certains observateurs ont alors estimé que les huit ou neuf longs mois du calendrier complet puissent être trop exigeants pour un athlète déjà diminué par la maladie. Grave erreur!

Les Flyers de Philadelphie ont pris un risque en le sélectionnant au 17e rang du repêchage de 1969 et ils allaient être pleinement récompensés : Clarke a mené les siens aux deux seules coupes Stanley de leur histoire. Il a aussi obtenu à trois reprises le trophée Hart (joueur le plus utile à son équipe en saison régulière), le trophée Selke (meilleur attaquant défensif) et a également reçu la distinction de l'athlète canadien par excellence en 1975.

Clarke demeure à ce jour, le plus grand joueur de l'histoire des Flyers. En fait, il domine les statistiques de son équipe pour les matchs et les points.

Aujourd'hui, Clarke occupe le poste de directeur général. Son premier entraîneur à Philadelphie, Fred Shero, a souvent répété qu'à son avis, aucun joueur n'avait influencé une équipe autant que l'a fait Clarke à Philadelphie. Au début de sa carrière, Clarke était avare de commentaires au sujet de sa maladie. On aurait dit qu'il s'agissait pour lui d'une faiblesse et qu'il ne semblait pas vouloir en discuter.

« À mes premiers pas dans la LNH, je ne voulais certes pas être montré du doigt en raison de cette maladie, surtout si je connaissais un mauvais match. Mais j'ai changé mon approche par la suite. En fait, je ne pouvais pas et ne voulais pas cacher mon état de santé. Si, en prenant la parole à propos du diabète, j'arrivais à aider quelqu'un, même un enfant, alors pourquoi me tairais-je? »

« Il n'avait pas à parler dans le vestiaire, ajoute son coéquipier Paul Holmgren. On n'avait qu'à le suivre des yeux. On s'est aperçu que Clarke était du genre à ne jamais abandonner et le type de joueur qui ne perdra jamais le désir de gagner. Comment un simple joueur comme moi ne puisse pas le prendre en exemple? Comme plusieurs autres de l'équipe, j'aurais été gêné de ne pas tenter de le suivre, de l'imiter. »

Né le 13 août 1949, à Flin Flon (Manitoba)

15 saisons, toutes avec les Flyers de Philadelphie (de 1969-1970 à 1983-1984)

Statistiques

MJ	B	A	PTS
1144	358	852	1210

Bobby CLARKE

JOHN CULLEN

Le 29 mars 1997, John Cullen apprenait qu'une très grosse tumeur dans son thorax était cancéreuse. Cullen a dû suivre une batterie de traitements, mais six mois après la découverte du cancer, ses chances de survie étaient de 50 %. Il a même failli mourir sur le bloc opératoire durant la chirurgie visant à résorber l'étendue de la tumeur.

Un an plus tard environ, Cullen a appris une bien bonne nouvelle : les médecins parlaient maintenant de rémission.

« Ce jour-là a été le plus beau de ma vie, raconte Cullen. Une année de durs moments. Et puis, soudain, je reçois un bilan de santé des plus encourageants. J'ai essayé de conserver une approche positive durant toute cette année. »

Les coéquipiers du joueur étaient presque aussi heureux que Cullen lui-même quand ils ont appris la bonne nouvelle.

« Comment peut-on demeurer indifférent, insensible, révélait un de ses coéquipiers. Chaque fois que l'on regardait en direction de son casier, on se disait que ça serait bien qu'il puisse l'occuper à nouveau. »

À sa grande surprise, Cullen se voyait préparer son retour au jeu! Il s'est présenté au camp du Lightning en septembre 1998 pour se tailler un poste.

« À vrai dire, je ne lui donnais pas beaucoup de chances de faire l'équipe, résumait Phil Esposito. Mais j'espérais qu'il en soit autrement. Quand on s'est aperçu qu'il faisait vraiment partie de l'alignement, cela a été une des plus belles histoires que j'ai vécues. »

Après quelques rencontres, il s'est rapidement aperçu que les traitements des mois précédents avaient drainé beaucoup de son énergie. Il a opté pour un court stage dans les ligues mineures pour tenter de se remettre en forme.

« Je n'aurais pas été à l'aise de me retirer après seulement quatre matchs », expliquait alors Cullen.

Cullen a donné le maximum en se joignant aux Lumberjacks de Cleveland. Mais quelques matchs plus tard, Cullen prenait sa retraite.

Cullen a alors accepté l'offre de la direction du Lightning et a secondé Demers.

« Je savais que les chances de revenir à un niveau d'excellence étaient bien minces, concluait Cullen. Mais il me fallait prendre une telle décision. Voilà que l'heure de la retraite a vraiment sonné. L'exploit fut de pouvoir revenir au jeu. L'enjeu ultime demeure le fait d'être en santé. »

Né le 2 août 1964, à Fort Erie (Ontario)

10 saisons, de 1988-1989 à 1998-1999

Équipes de la LNH : Penguins de Pittsburgh, Whalers de Hartford, Maple Leafs de Toronto, Lightning de Tampa Bay

Statistiques

MJ	B	A	PTS
621	187	363	550

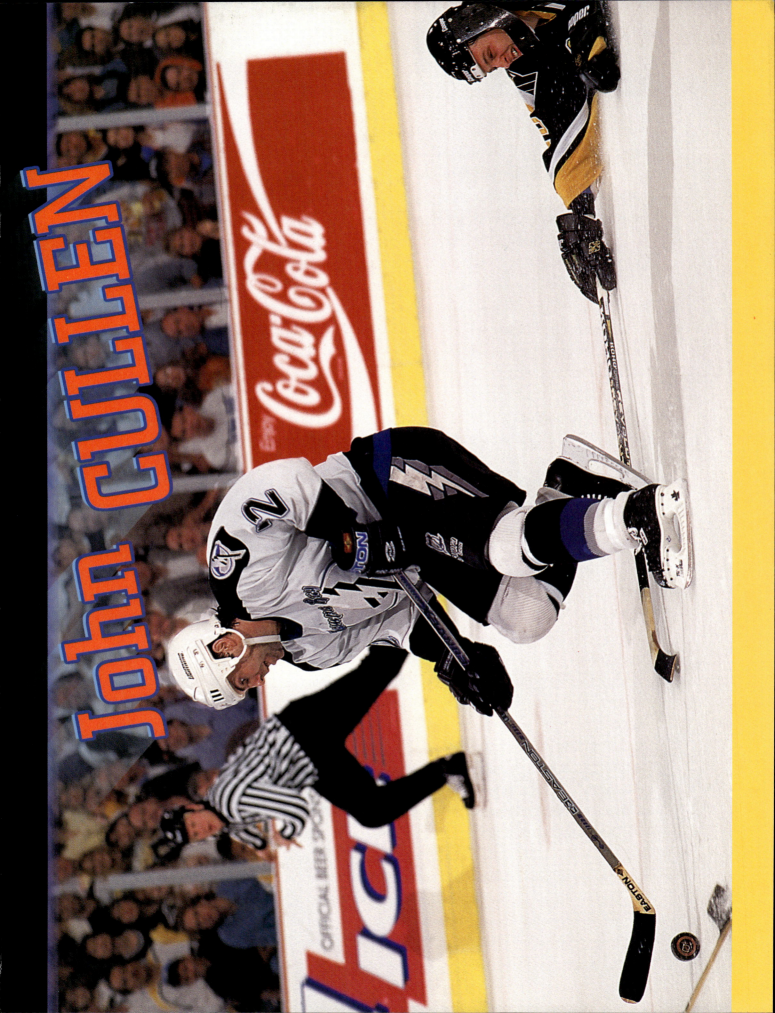

PAUL HENDERSON

Le 28 septembre 1972, l'image, captée par le photographe Frank Lennon, reste près de 30 ans plus tard le point culminant d'une des plus belles démonstrations de courage et de détermination de l'histoire du hockey. Henderson venait ainsi de procurer la victoire finale au Canada, à l'issue d'une série de huit rencontres face à une formation représentant l'Union soviétique de l'époque.

Il faut dire que Henderson formait avec Ron Ellis et Bobby Clarke un grand trio, l'une des principales sources d'inspiration pour l'équipe canadienne.

Les quatre premiers matchs seraient disputés au Canada, les quatre suivants en terre soviétique. Au Canada, les Soviétiques ont gagné deux fois, subit un revers et soutiré un verdict nul lors du quatrième match. Les Soviétiques ont aussi remporté le match suivant. Les Canadiens devaient donc remporter les trois derniers matchs pour se « sauver » avec les honneurs de la série. Plusieurs croyaient alors cette mission impossible.

« Je me souviens très bien d'avoir été horrifié à l'idée de perdre la série contre les Soviétiques, raconte Henderson. Je ne sais pas comment on doit qualifier cette victoire, si c'est par la volonté ou la force de caractère. Tout ce que je sais, c'est que l'équipe n'a jamais baissé les bras. »

« On récolte ce que l'on sème, confirme Henderson. Nous sommes les seuls joueurs qui n'ont pas changé de trio tout au long du tournoi. »

Le but victorieux de la septième rencontre relève presque de la magie. Le pointage est égal, 3-3; il reste deux minutes au cadran. Henderson accepte une passe au centre de la patinoire et se dirige à vive allure vers la zone adverse. Il attire vers l'extérieur du jeu le défenseur et se retrouve seul devant Tretiak. Henderson profite d'une petite ouverture, entre l'épaule et la barre horizontale pour marquer le but de la victoire.

Après 40 minutes de jeu, le Canada accusait un retard de deux buts (5-3). Il lui fallait donc inscrire trois buts pour l'emporter. Avec deux filets au cours du dernier engagement, le Canada réussit à égaler le pointage. Dans la dernière minute du temps réglementaire, Phil Esposito réussit à rejoindre Henderson devant le filet qui, sans hésiter, tire une première fois en direction de Tretiak. Henderson capte son propre retour de lancer malgré la présence d'un défenseur russe et... c'est le but!

Des millions de Canadiens et d'amateurs entassés dans l'amphithéâtre soviétique sont demeurés sans le souffle. Avec 34 secondes au cadran, Henderson venait d'offrir la victoire à sa nation. Le Canada l'emportait 6-5.

« On apprend toujours beaucoup dans les situations difficiles, explique Henderson. J'ai vraiment compris à ce moment ce qu'est la notion de jouer en équipe. »

Né le 28 janvier 1943, à Kincardine (Ontario)

13 saisons dans la LNH, de 1962-1963 à 1979-1980

Équipes professionnelles : Red Wings de Detroit, Maple Leafs de Toronto, Flames d'Atlanta

Statistiques

MJ	B	A	PTS
707	236	241	477

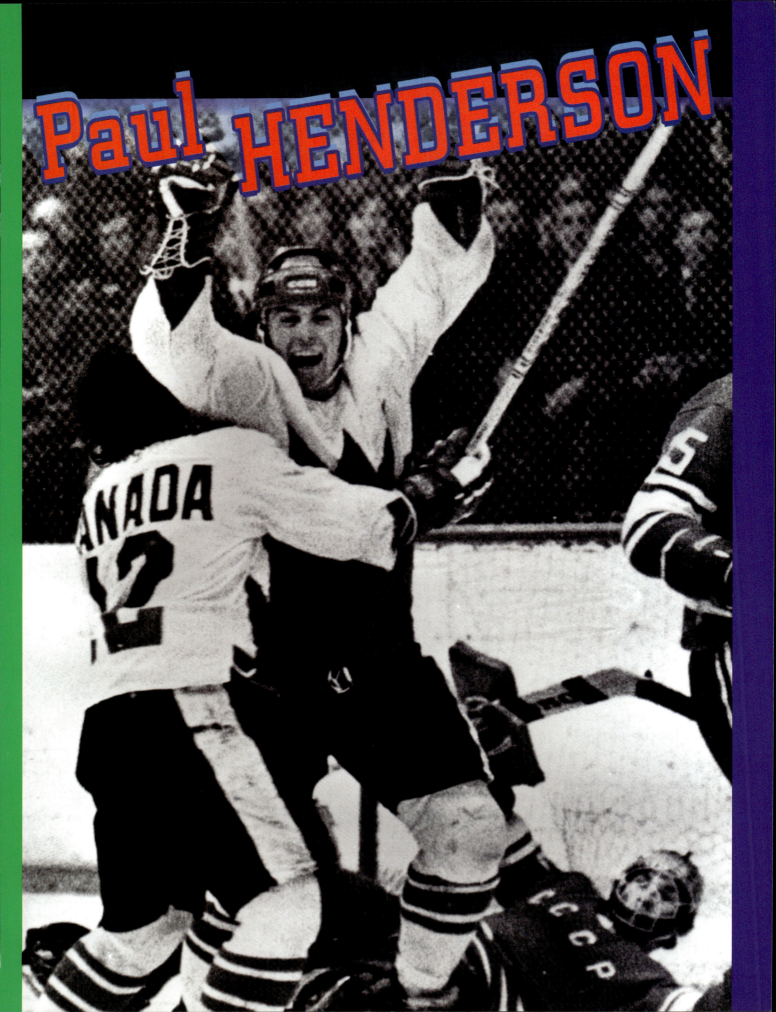
Paul HENDERSON

PAUL KARIYA

Le mot coriace possède plusieurs définitions, surtout quand il est question de hockey. Celle qui définit le mieux Paul Kariya fait plus état d'une habileté coriace! En raison de sa petite taille, Kariya exhibe son talent parmi des athlètes beaucoup plus costauds.

« Il faut apprendre à se protéger, mentionne Kariya. Il faut aussi s'assurer que les joueurs adverses n'useront pas de robustesse en ma présence sans que je puisse me défendre. Le respect sur glace doit toujours demeurer. »

Kariya sait très bien de quoi il en ressort. Il a souvent été plaqué par un joueur adverse depuis son accession à la LNH. L'incident le plus marquant, voire dangereux, est survenu durant la saison 1997-1998. Kariya a raté les 28 dernières rencontres en raison d'une fracture importante à la mâchoire.

Kariya avait déjà ses lettres de noblesse à titre de joueur avant même d'atteindre le grand circuit. En 1992-1993, à sa dernière saison au niveau collégial, il a conduit les Black Bears du Maine au championnat de la NCAA (National Collegiate Athletic Association). Kariya a également reçu le trophée Hobey Baker, qui récompense le meilleur joueur collégial du réseau américain. Les Mighty Ducks en ont fait leur premier choix au repêchage, mais Kariya a plutôt opté pour l'équipe nationale du Canada, qui a remporté la médaille d'argent aux Jeux olympiques de 1994.

Malgré toute l'attention qui lui est apportée, Kariya demeure un joueur humble. À ce sujet, Ron Wilson, l'ex-entraîneur de Kariya à Anaheim, raconte une anecdote qui date du moment où Wilson visitait la famille de Kariya pour négocier son premier contrat et participer au repas familial.

« Nous allions chez lui pour lui offrir un contrat de 18 millions de dollars, se rappelle Wilson. Après le repas, la mère de Paul lui a demandé de rapporter la vaisselle à la cuisine. Sans dire un mot, Kariya s'est levé et a exécuté ce que lui demandait sa mère. »

Kariya obtient le respect des amateurs en raison de sa bonne conduite. Sur la patinoire, sa réputation n'est plus à faire. Il est très rapide, il exécute des passes savantes et est un des joueurs les plus intelligents.

« C'est très agréable de le voir évoluer », dit Eric Lindros, la vedette des Flyers de Philadelphie. Teemu Selanne ajoute : « Quand on regarde Paul réaliser un beau jeu, on est obligé de reconnaître un grand talent. C'est très excitant de le voir jouer. »

Né le 16 octobre 1974, à Vancouver (Colombie-Britannique)

Premier choix du Anaheim, quatrième au total, du repêchage de 1993

Première équipe de la LNH : Mighty Ducks d'Anaheim

Position : ailier gauche (gaucher)

Taille : 1,81 m

Poids : 82 kg

Paul KARIYA

MARIO LEMIEUX

Rares sont les joueurs qui peuvent surmonter un obstacle quasi incontournable pour revenir au jeu et dominer sur glace comme auparavant. Mais c'est le cas de Mario Lemieux.

En 1992-1993, Lemieux est le joueur dominant de la LNH. Les Penguins de Pittsburgh, viennent de remporter une deuxième coupe Stanley consécutive et sont favoris pour reprendre le trophée tant convoité. Lemieux avait encore en mire le titre des compteurs.

Mais en janvier 1993, Lemieux se voyait diagnostiquer la maladie de Hodgkin. La bonne nouvelle est que ce cancer peut être guéri s'il est décelé tôt, ce qui était son cas. Lemieux a donc subi des traitements de radiothérapie qui ont pour effet de créer une fatigue aiguë.

« On dirait qu'un rouleau-compresseur vous est passé sur le corps, expliquait Lemieux à cette époque. Vous perdez toute votre énergie. »

Après un mois d'absence, contre toute attente, même s'il reconnaissait lui-même être diminué physiquement, Lemieux a remporté son quatrième titre des marqueurs et a obtenu le trophée Hart, remis au joueur le plus utile à son équipe.

La saison suivante, Lemieux souffrait maintenant de maux de dos. En fait, Lemieux était toujours ralenti par les effets des traitements de l'année précédente. Il admettait même à un certain moment que son retour au jeu n'avait pas su profiter d'une réadaptation assez longue. Lemieux n'a participé qu'à 22 rencontres cette saison-là et a décidé de prendre du temps libre tout le calendrier 1994-1995 pour obtenir une guérison complète. Plusieurs pensaient que la carrière de Lemieux était terminée.

Mais Lemieux avait une autre surprise dans son jeu. Il a repris sa place l'année suivante et a été tout aussi dominant. Il a remporté une nouvelle fois le trophée Hart et a obtenu l'admiration de ces collègues de toute la Ligue et de quantité d'amateurs. « Je pense qu'il nous a tous émerveillés, affirme Craig Patrick, directeur-gérant des Penguins. On aurait dit qu'il n'avait même pas raté un seul match. »

Lemieux a disputé une dernière saison suivant son retour et il a remporté un 6e titre avant de prendre sa retraite. Il est maintenant le propriétaire des Penguins, ce qui a surpris certains. Connaissant Lemieux, est-ce vraiment surprenant?

Né le 5 octobre 1965, à Montréal (Québec)

Carrière de 12 saisons dans la LNH (1984-1985 à 1996-1997)

Équipe professionnelle : Penguins de Pittsburgh.

Statistiques

MJ	B	A	PTS
745	613	881	1494

GRANT MARSHALL

« Persévérance et détermination, avance Kilrea, l'ancien entraîneur de Grant Marshall. Je ne pense pas que l'histoire du retour au jeu de Grant puisse être égalée. »

Il faut remonter au 4 décembre 1990 à Sudbury (Ontario), alors que Marshall et les 67s d'Ottawa visitaient les Wolves de l'endroit. Marshall se dirigeait vers la bande pour s'emparer de la rondelle libre quand il a été frappé par derrière. Il a heurté tête première le pourtour de la patinoire.

« J'étais étendu sur la glace, j'étais conscient, mais je savais aussi que je ne pouvais pas bouger, se rappelle Marshall. Durant deux ou trois minutes, ni mes bras ni mes jambes ne bougeaient. J'étais terrifié. Je croyais ma vie terminée. »

« Je me rappelle seulement que j'espérais rester un gars normal. Que ma vie ne soit pas effectée par cet incident. »

Des examens ont plus tard révélé que Marshall s'en tirerait. Marshall a porté pendant un certain temps une prothèse spéciale qui immobilisait le haut de sa colonne vertébrale et sa tête.

En mars 1991, Marshall remettait ses patins et préparait son retour au jeu. Il a dû attendre quelques semaines avant d'obtenir sa chance, mais il tenait à tout prix à rejoindre son équipe avant la fin du calendrier.

« J'ai même supplié l'entraîneur de me donner une chance, se souvient Marshall. Je savais que je pouvais revenir au jeu. »

Le 18 avril 1991, Marshall fait son entrée au moment où son équipe se trouvait face à l'élimination, en éliminatoires, devant les Generals d'Oshawa, qui avaient en leur groupe un certain Eric Lindros. À la surprise générale et dès sa première présence sur la glace, Marshall a appliqué une sévère mise en échec au capitaine du Oshawa.

« J'imagine qu'il fallait que je sache dès le départ où j'en étais, sourit Marshall. Dès lors, je savais que je pouvais continuer sans crainte. »

L'année suivante, Marshall amassait 134 points et devenait la figure de proue des 67s. Repêché au premier tour par les Maple Leafs de Toronto, au repêchage de 1992, Marshall a ensuite poursuivi sa carrière avec l'équipe de Dallas, avec laquelle il a remporté les grands honneurs en 1999.

« Il faut jouer dans la mesure de ses moyens, sans lésiner sur l'effort, conclut Marshall. C'est de cette manière que je définis un joueur coriace. »

Né le 9 juin 1973, à Mississauga (Ontario)

Deuxième choix des Maple Leafs de Toronto (23e en tout) du repêchage de 1992

Première équipe de la LNH : Star de Dallas (1994-1995)

Position : ailier droit (droitier)

Taille : 1,87 m

Poids : 88 kg

TED NOLAN

Tout joueur ou entraîneur doit surmonter quelques obstacles en cours de carrière. Dans le cas de Nolan, les embûches ont été plus nombreuses.

Nolan fait partie de la tribu Ojibway et a grandi dans la réserve amérindienne de Garden River, dans le Nord de l'Ontario. Quand il a quitté la maison à l'âge de 16 ans pour entreprendre une carrière à l'âge junior, il laissait derrière lui sa famille pour la première fois de sa vie.

« Je n'étais pas le seul hockeyeur du Canada qui devait quitter sa famille pour jouer au hockey. Mais pour un autochtone, c'est tout un choc culturel qui s'exerçait. Les choses ne se passent pas de la même façon qu'à l'intérieur de la réserve. L'approche et la culture générale sont totalement différentes. »

Il y a eu bien sûr des problèmes raciaux puis une autre période difficile lorsqu'il a commencé à jouer au sein de la LNH : il a appris que sa mère était morte, renversée par un conducteur ivre au volant.

« C'est triste de perdre un membre de votre famille de la sorte, se souvient encore Nolan. Le plus difficile a été de revenir à la maison et ne de pas savoir si je devais poursuivre mon travail dans la LNH. J'ai failli ne pas y retourner. Il fallait que je prenne une décision d'adulte mais en ayant l'âge d'un adolescent. »

En 1986, après 78 matchs, la plupart avec les Red Wings de Detroit, une blessure récurrente au dos l'obligeait à se retirer. À titre d'entraîneur, il a d'abord œuvré à titre d'assistant à Hartford, avant d'accepter le poste d'entraîneur-chef des Sabres de Buffalo, en juillet 1995.

À sa deuxième saison à la barre des Sabres, Nolan tenait à ce que ses joueurs arrivent au camp dans une forme splendide. Bien dirigés, les Sabres sont passés du dernier au deuxième rang de sa division. À force de travail, Buffalo réussissait ainsi à se hisser parmi l'élite, sans toutefois posséder les meilleurs marqueurs du circuit. Du coup, les Sabres se sont faits accoler une réputation de sérieux combattants et Nolan a mérité le respect de ses joueurs et de bon nombre d'observateurs dans la Ligue.

Il a d'ailleurs reçu en 1997 le trophée Jack Adams, décerné à l'entraîneur par excellence.

De nos jours, Nolan conseille des enfants au sein de l'Assemblée des Premières nations.

« Je me suis toujours dit que si j'atteignais la LNH, même pour un seul match, je reviendrais voir les jeunes de mon pays pour leur dire qu'on peut toujours surmonter, à force de travail, des obstacles et en ressortir gagnant. »

Né le 7 avril 1958, à Sault Ste-Marie (Ontario)

Deux saisons à titre d'entraîneur (1995-1996 et 1996-1997)

Équipe dirigée : Sabres de Buffalo

Statistiques d'entraîneur

MD	MG	MP	MN	MG %
164	73	72	19	0,503

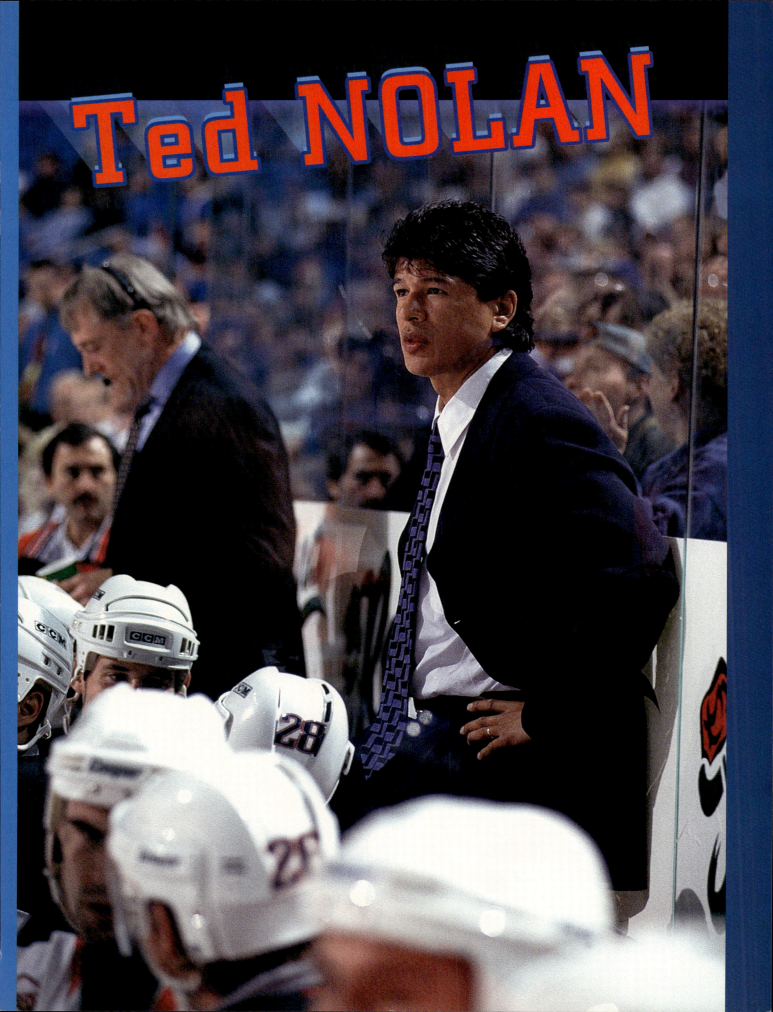

WILLIE O'REE

Dernier né d'une famille de 12 enfants, en 1935, O'Ree est originaire de Fredericton, au Nouveau-Brunswick. Il a joué son hockey junior à Kitchener, en Ontario, pour finalement se retrouver au sein d'une équipe semi-professionnelle à Québec. C'est alors qu'il a obtenu une chance avec Boston. Comme plusieurs, son meilleur souvenir est son premier but dans la LNH. Il a été le premier Noir à œuvrer dans la LNH, et a été surnommé le « Jackie Robinson du hockey ».

Sa carrière n'a duré que 45 rencontres, dont deux avec les Bruins de Boston en 1957-1958 et 43 autres en 1960-1961. O'Ree a cependant joué dans les ligues mineures jusqu'en 1978-1979.

L'analogie à propos de Jackie Robinson n'est pas tout à fait exacte. Robinson a atteint les ligues majeures du baseball en 1947, au moment où la ségrégation faisait rage et que Noirs et Blancs jouaient dans des entités distinctes.

« Je suis conscient que je suis Noir et que j'ai des responsabilités, disait O'Ree au moment de son passage à la LNH. Il faut dire que la discrimination raciale n'était pas aussi forte au hockey. Je n'ai pas eu à franchir autant d'obstacles que Robinson. »

Malgré tout, le pionnier O'Ree a dû vivre avec les effets que provoquait sa présence parmi les Blancs.

« J'ai bien entendu toutes sortes de noms à mon endroit, disait O'Ree beaucoup plus tard. Mais je les connaissais depuis mon jeune âge. »

O'Ree s'est bien sûr défendu, mais il n'a jamais laissé tomber les gants pour répondre aux accusations raciales.

« Je voulais simplement bien jouer et être fier de jouer au sein de cette équipe, au meilleur de mes capacités, explique O'Ree. Je n'aurais pas pu atteindre mes objectifs si j'avais passé mon temps à me battre. »

Il devenait aussi intéressant de constater qu'au même moment, les coéquipiers et les amateurs de Boston devenaient ses principaux défenseurs. O'Ree était traité comme tous les autres joueurs de l'équipe. La couleur de sa peau n'avait aucune importance aux yeux de ses coéquipiers.

« Mon premier but a permis aux Bruins de vaincre le Canadien de Montréal le 1er janvier 1961. » Après son exploit, la foule du Garden de Boston a réservé une ovation à son nouveau héros.

Né le 15 octobre 1935, à Fredericton (Nouveau-Brunswick)

Deux saisons dans la LNH : 1957-1958 et 1960-1961

Une seule équipe : Bruins de Boston

Statistiques

MJ	B	A	PTS
45	4	10	14

Willie O'REE

JACQUES PLANTE

Il faut être solide pour gagner sa vie à repousser des rondelles de caoutchouc congelées. Mais Plante se dégage du groupe grâce à ses talents d'innovateur. Il ne fait pas de doute que l'ajout d'un protecteur facial à l'attirail du gardien a contribué à l'émergence d'une nouvelle façon de faire.

C'est difficile à croire de nos jours, mais il fut une époque où les gardiens au hockey n'avaient aucune protection au visage. Le port du masque ne s'est en fait généralisé qu'au début des années 70.

Plante a commencé à porter le masque durant les entraînements du Canadien, vers la fin des années 50, pour se protéger à la suite d'une intervention chirurgicale au nez. Les dirigeants de l'équipe s'objectaient à son utilisation en situation de match. Ils estimaient que c'était de faire montre d'une certaine faiblesse ou de peur de la part du gardien.

Le 1er novembre 1959, Plante a été atteint en pleine figure lors de la première période. La coupure semblait profonde et Plante a dû quitter le match pour subir les premiers soins. Les équipes ne disposaient pas de gardien réserviste à l'époque et il a donc fallu attendre le retour de Plante pour que le match reprenne.

Mais voilà, Plante ne voulait reprendre le jeu qu'à la condition de porter son invention.

Le célèbre Toe Blake, alors entraîneur du Tricolore, n'était pas très heureux du vœu de Plante. Fâché ou pas, Blake était encore moins heureux de devoir se passer de son gardien pour le reste de la rencontre. Il a donc permis à Plante de porter son masque. Le Canadien a finalement remporté ce match contre les Rangers, le premier d'une série de 18 rencontres sans défaite.

On considère Jacques Plante parmi les plus grands. Son nom apparaît à sept reprises sur le trophée Vézina, symbole du meilleur gardien en saison. Il a aussi méritéle trophée Hart (joueur le plus utile) en 1962. Il occupe le deuxième rang dans l'histoire, avec 432 victoires.

Pour ses qualités novatrices, mais surtout pour ses nombreux exploits en carrière, Jacques Plante a été admis au Temple de la renommée en 1978.

Né le 17 janvier 1929, à Shawinigan Falls (Québec)

18 saisons dans la LNH : de 1952-1953 à 1972-1973

Équipes de la LNH : Canadien de Montréal, Rangers de New York, Blues de St. Louis, Maple Leafs de Toronto et Bruins de Boston

Statistiques

MJ	BC	BI	MBA
837	1965	82	2,38

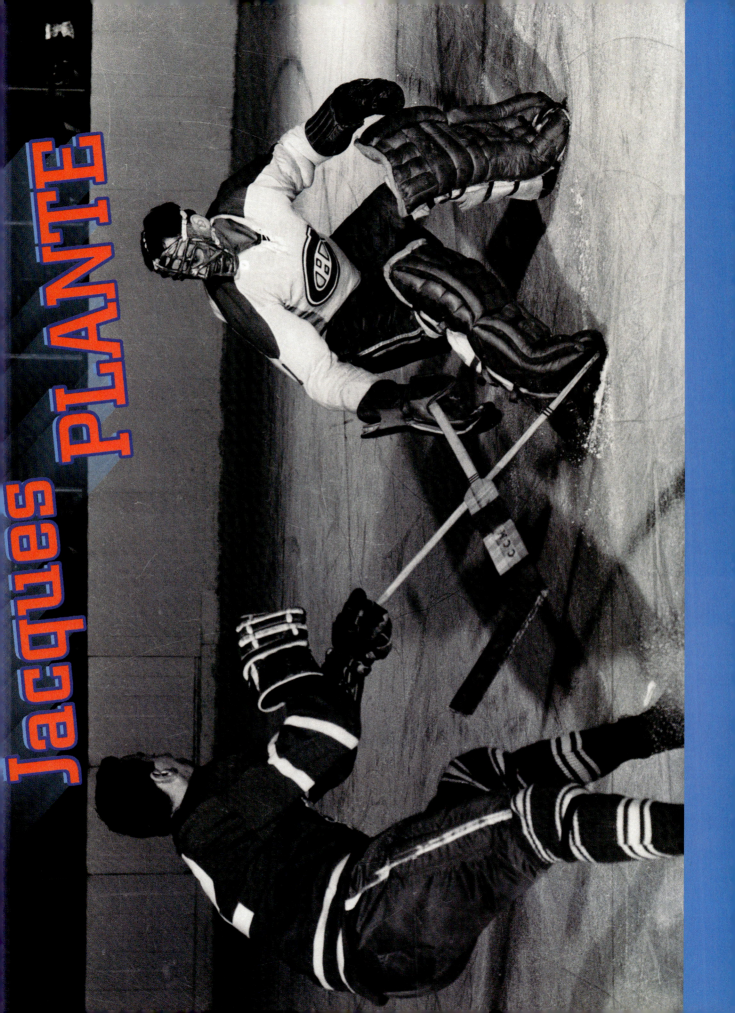

MANON RHÉAUME

Manon Rhéaume, la première femme à jouer un match professionnel de hockey, a entrepris sa carrière de joueuse comme tous les autres : en jouant dans la rue avec ses frères.

Dès son jeune âge, Rhéaume a démontré un talent certain devant les filets. Elle n'avait que 11 ans quand elle a participé au Tournoi international pee-wee de Québec, l'un des plus prestigieux tournoi de ce groupe d'âge, au sein d'une équipe de garçons. Rhéaume devenait ainsi la première femme à participer à cette rencontre internationale.

Mais sa progression ne s'est pas arrêtée là. Elle a continué de jouer avec les garçons, et elle a aussi commencé à jouer pour une équipe de femmes à Montréal, à plus de deux heures de route de la capitale québécoise.

« Ça n'a jamais été facile, confirmait plus tard Rhéaume. J'ai toujours voulu jouer au hockey. J'adore ce sport et j'ai encore un grand désir de l'exercer. »

À 19 ans, Rhéaume franchissait un nouvel obstacle en s'alignant avec les Draveurs de Trois-Rivières, de la Ligue de hockey junior majeure du Québec.

L'étape suivante est survenue en 1992, quand elle a été invitée au camp d'entraînement du Lightning de Tampa Bay. Le 23 septembre 1992, Rhéaume, 20 ans, a écrit une nouvelle page d'histoire en jouant un match hors concours contre les Blues de St. Louis. Rhéaume a joué durant une période, a fait face à sept lancers et a accordé deux buts. Elle devenait ainsi la première hockeyeuse à apposer son nom au bas d'un contrat professionnel.

Puis, le 3 décembre 1992, elle jouait un premier match avec les Knights d'Atlanta. Rhéaume n'a pas fait le grand club, mais elle s'est retrouvée avec la filiale du Tampa Bay à Atlanta. Depuis lors, Rhéaume a poursuivi sa carrière dans les ligues mineures.

Rhéaume a aussi fait partie de l'équipe nationale féminine de hockey. Elle a remporté deux fois la médaille d'or aux Championnats mondiaux de 1992 et de 1994 et a fait partie de la première équipe d'étoiles. Elle était de l'équipe nationale qui a obtenu la médaille d'argent aux Olympiques de 1998, la première fois où le hockey féminin était au programme. Elle a aussi joué dans une équipe de hockey sur patins à roues alignées.

Rhéaume a donné naissance à un garçon en mai 1999, mais cela ne va pas la ralentir.

« J'ai un programme qui se définit sur trois ans, raconte-t-elle. J'aurai tout le temps nécessaire pour me refaire une forme. J'y serai. »

Née le 24 février 1972, à Lac-Beauport (Québec)

Position : gardienne (droitière)

Attrape à gauche

Taille : 1,70 m

Poids : 60 kg

Manon RHÉAUME

BORJE SALMING

Il est vraiment intéressant de constater à quel point le hockey nord-américain a changé. Il y a 30 ans, plus de 90 % des joueurs étaient originaires du Canada. Ce fut le cas pratiquement jusqu'au début des années 80.

Mais celui qui a tracé le sillon pour une invasion internationale dans la LNH était le robuste défenseur suédois Borje Salming. Salming a joué durant 17 saisons dans la LNH et on le qualifie encore comme l'un des meilleurs défenseurs dans les deux portions de la patinoire. Il était capable de finesse avec la rondelle, possédait les habiletés d'un grand patineur et agissait tel un général à la défensive.

Il est devenu le premier européen à jouer 1 000 matchs en carrière et, en 1996, le premier Suédois à être intronisé au Temple de la renommée de la LNH.

La mission de Salming, quoique officieuse, était en quelque sorte de prouver aux dirigeants d'équipes qu'un Européen peut imposer le respect dans une ligue réputée pour son jeu robuste.

Rarement a-t-on vu un joueur absorber autant de coups et d'abus verbaux. Il a été plaqué sévèrement dans la bande, on lui a donné de nombreux coups de bâton; les costauds adverses ne ménageaient pas les efforts pour le ralentir. Pour de nombreux adversaires, Salming avait à prouver qu'il était capable d'absorber le tout. C'est en faisant face à l'adversité qu'il a pu repousser tout abus de robustesse en sa direction, restant bien souvent le plus longtemps sur la patinoire pour aider son équipe.

L'un des jeux les plus spectaculaires auquel Salming a participé est survenu lors d'un match éliminatoire en 1976. Les Leafs faisaient face à l'équipe la plus redoutée du circuit, les Flyers de Philadelphie. Les Flyers imposaient la peur partout sur leur passage, déployant un style favorisant la robustesse à outrance. Salming et les Leafs disputaient le quatrième match de la série. Le grand Suédois arborait déjà de nombreuses ecchymoses un peu partout sur ses avant-bras et ses jambes. Plusieurs batailles ont éclaté, mais Salming a gardé son sang-froid. Il a même subi une blessure au visage qui a nécessité huit points de suture, mais il est resté à la ligne bleue des siens, tel un capitaine de bateau. Quand il a inscrit le but qui donnait l'avance aux siens à la troisième période, les amateurs de Toronto lui ont réservé une des plus longues et bruyantes ovations de l'histoire du Maple Leafs.

Né le 17 avril 1951, à Kiruna (Suede)

17 saisons jouées dans la LNH, de 1973-1974 à 1989-1990

Équipes : Maple Leafs de Toronto et Red Wings de Detroit.

Statistiques

MJ	B	A	PTS
1148	150	637	787

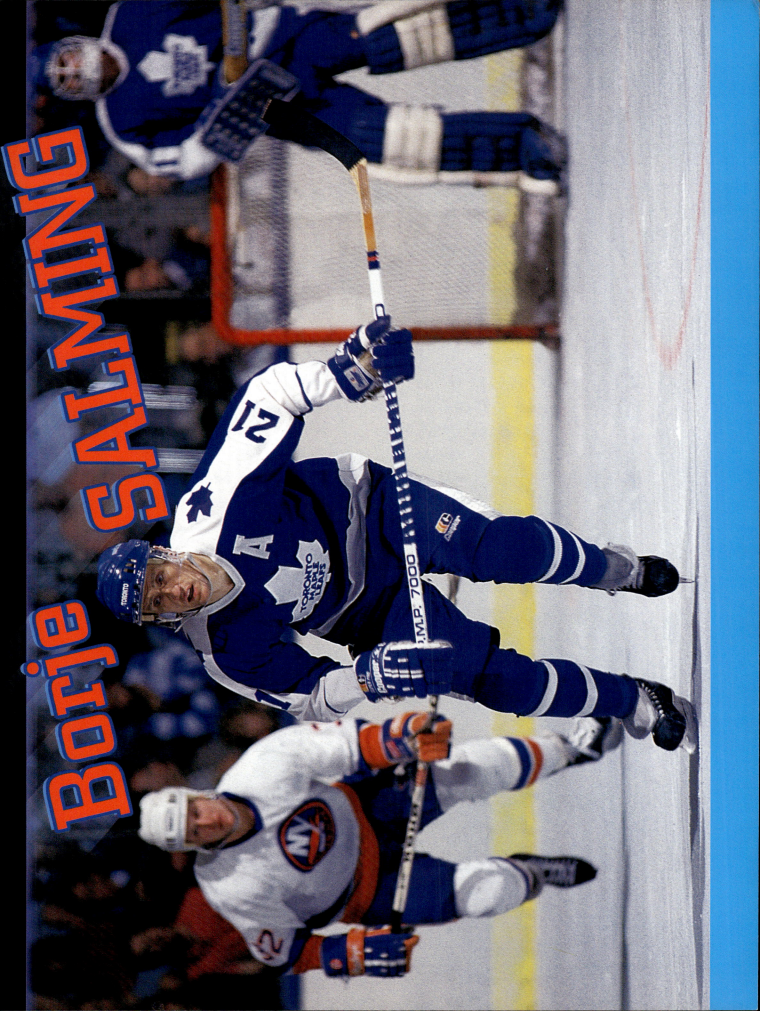

BRIAN SKRUDLAND

Brian Skrudland a toujours eu pour attitude de foncer droit devant, peu importe les obstacles à franchir. Cette approche lui a valu une longue carrière dans la Ligue nationale.

« Mes parents travaillaient fort, explique Skrudland. Ils m'ont beaucoup appris. Une bonne approche de travail a été la clé de mon succès. »

À la suite d'une carrière intéressante mais peu spectaculaire au sein des Blades de Saskatoon, de la Ligue de hockey junior de l'Ouest, Skrudland n'a pas été repêché. Heureusement, le Canadien de Montréal l'a invité au camp d'entraînement. Aussitôt, Skrudland a entrepris un séjour de deux saisons dans la Ligue américaine (LAH). Skrudland a toujours cru en la possibilité qu'il finisse par atteindre la LNH.

Il avait bien raison : il a tracé ses premiers sillons sur la patinoire avec le Canadien en 1985-1986, année qui s'est conclue par une coupe Stanley.

«Tout un exploit, admet Skrudland plus de 10 ans plus tard. Non seulement j'ai atteint la ligue, mais la même année je faisais partie de l'équipe gagnante. Je n'arrivais pas à y croire. » Skrudland a dû attendre 13 autres années avant de pouvoir goûter de nouveau aux grands honneurs.

« Quand on est jeune et que l'on gagne la coupe Stanley, on se dit que ça va sûrement se répéter une autre fois avant la retraite. Mais les années passent et l'on s'aperçoit qu'il n'est pas du tout facile de tout gagner. C'est déjà assez difficile de faire partie de la Ligue et d'y rester sur une base régulière. Il ne faut jamais arrêter de travailler. »

Durant toutes ces années, Skrudland a raté près de 200 rencontres en raison de blessures. Chaque fois, il était déterminé à revenir au jeu le plus rapidement possible. C'est à titre de vétéran qu'il a eu son mot à dire dans la victoire finale du Star de Dallas, au printemps 1999.

« Je me motive à l'idée, grâce à mes aptitudes, de ne jamais reculer dans les moments difficiles, ou même quand on vous dit que vous ne pouvez pas y arriver ou que vous n'êtes pas capable de réussir. À la maison, une étiquette collée sur le réfrigérateur dit ceci : *Celui qui gagne est celui qui sait qu'il peut gagner*. C'est ma manière de voir les choses. »

Né le 31 juillet 1963, à Peace River (Alberta)

Joueur non repêché;
Montréal lui offre un contrat de joueur autonome le 30 septembre 1983

Première équipe : Canadien de Montréal

Position : joueur de centre (gaucher)

Taille : 1,84 m

Poids : 89 kg

PETER STASTNY

On pourrait dire que la scène est tirée d'un film de James Bond, plutôt que de la vie d'un hockeyeur : une course contre la montre, en voiture, non loin des frontières de son pays d'origine, plus rapide que les services secrets... L'enjeu : la fuite vers la liberté et la LNH. Tout a commencé ainsi pour Peter Stastny.

Stastny était l'un des meilleurs joueurs du monde au milieu des années 70. Mais jouer ailleurs que chez lui était un rêve qu'il chérissait. À l'époque, les joueurs du bloc communiste ne pouvaient pas s'expatrier facilement pour embrasser une carrière de professionnels. S'ils avaient été interceptés à la frontière, tout aurait été anéanti. Certains joueurs voulaient poursuivre en leur pays, mais Stastny en voulait plus : la LNH éait son but.

C'est avec l'équipe nationale tchécoslovaque, en compagnie de ses frères Anton et Marian, lors de la coupe Canada en 1976, que Stastny a fait écarquiller les yeux des amateurs nord-américains et des directeurs généraux. Marian et Peter ont conduit leur équipe à la finale de ce tournoi face au Canada. Les trois frères ont aussi joué aux Olympiques de 1980, mais c'est surtout Peter qui excellait. Il a terminé au deuxième rang des marqueurs du tournoi avec 14 points, dont sept buts, en sept matchs.

Après la clôture des Jeux olympiques, Peter et Anton ainsi que Marcel Aubut, propriétaire des Nordiques de Québec, se sont entassés dans une voiture et filèrent à vive allure sur les routes autrichiennes pour atteindre l'aéroport de Vienne. Aubut avait en poche des contrats de six ans pour les deux frères et avait organisé secrètement cette fuite mémorable.

« C'était terrifiant, allait dire plus tard Peter. On aurait eu de sérieux problèmes si on s'était fait intercepter aux douanes. À l'époque, nous avions le sentiment de mettre nos vies en danger. »

Pas facile d'abandonner sa vie, ses amis, ses coéquipiers et sa famille, mais Peter Stastny voulait jouer dans la LNH. Arrivé en sol nord-américain, Stastny a accumulé 109 points, et a accepté pour ses mérites le titre de recrue par excellence. Stastny a toujours offert des performances dignes d'un grand à Québec, avant de terminer sa carrière avec le New Jersey et St. Louis. Le moment fort est survenu en 1998 quand il a été intronisé au Temple de la renommée du hockey.

« Quand j'étais jeune, j'avais bien des rêves. Mais je n'aurais jamais pensé faire partie de l'élite du hockey professionnel. C'est l'honneur d'une vie... »

Né le 18 septembre 1956, à Bratislava (ex-Tchécoslovaquie)

15 saisons dans la LNH : de 1980-1981 à 1994-1995

Équipes de la LNH : Nordiques de Québec, Devils du New Jersey et Blues de St. Louis

Statistiques

MJ	B	A	PTS
977	450	789	1239

Peter STASTNY

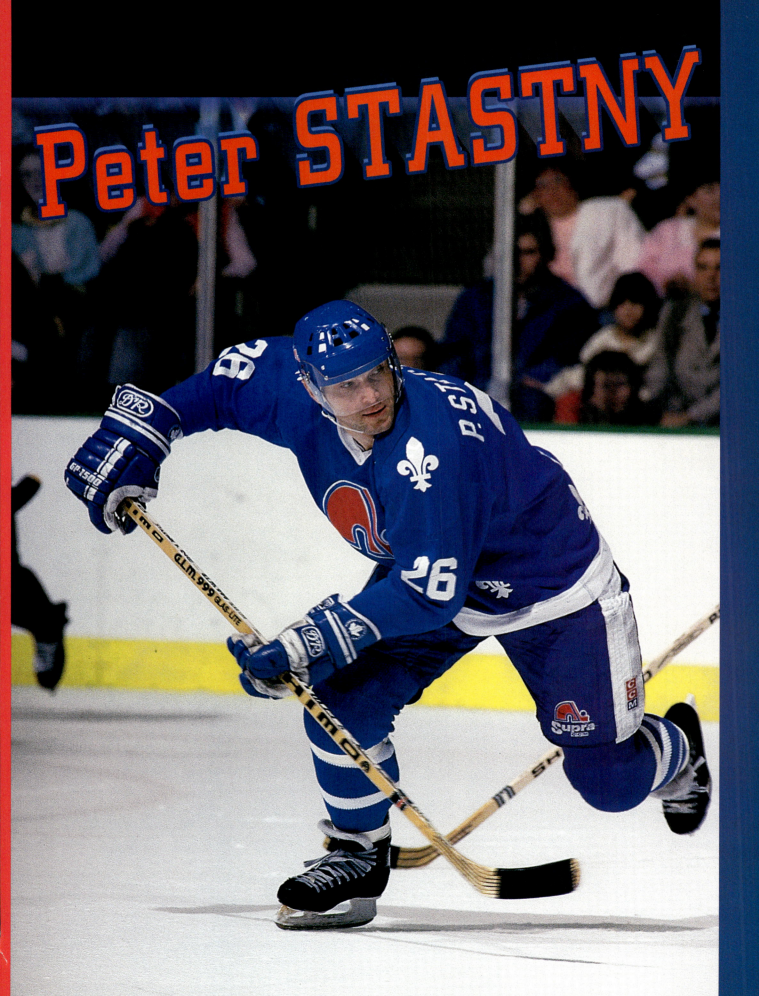

À la mémoire de mon père, un dur au cœur d'or

Photographies :
Bob Baun, Willie O'Ree, Jacques Plante : Imperial Oil–Turofsky/Hockey Hall of Fame;
Dino Ciccarelli, Peter Stastny : Frank Howard/Protography;
John Cullen : Jon Hayt/Bruce Bennett Studios;
Bobby Clarke, Paul Kariya, Ted Nolan, Borje Salming, Brian Skrudland : Bruce Bennett/Bruce Bennett Studios;
Theoren Fleury (couverture) : John Giamundo/Bruce Bennett Studios;
Paul Henderson : CP Photo Archive (Frank Lennon);
Mario Lemieux : Paul Angers/Bruce Bennett Studios;
Grant Marshall : Dave Sandford/Hockey Hall of Fame;
Manon Rhéaume : Eileen Connors/Bruce Bennett Studios.

Abreviations utilisées dans ce livre :

A = Passe; B = Buts; BC = Buts contre; Bl = Blanchissage;
MBA = Moyenne de buts accordés; MD = Matchs dirigés;
MG = Matchs gagnés; MG % = Pourcentage matchs gagnés;
MJ = matchs joués; MN = Matchs nuls; MP = Matchs perdus; PTS = Points

Données de catalogage avant publication (Canada)

Romanuk, Paul
Les durs de durs du hockey : seize joueurs sans pareil

Traduction de : Tough guys of hockey: sixteen players who beat the odds.
ISBN 0-590-24855-3

1. Joueurs de hockey — Biographies — Ouvrages pour la jeunesse. 2. Ligue nationale
de hockey — Biographies — Ouvrages pour la jeunesse. 3. Hockey — Ouvrages pour la
jeunesse. I. D'Avignon, Yves. II. Titre.

GV848.5.A1R6614 2000   j796.962'092'2   C99-932843-3

Copyright © 2000 Les éditions Scholastic. Tous droits réservés. Il est interdit
de reproduire, d'enregistrer ou de diffuser en tout ou en partie le présent ouvrage, par quelque
procédé que ce soit, électronique, mécanique, photographique, sonore,
magnétique ou autre, sans avoir obtenu l'autorisation écrite de l'éditeur.
Pour la photocopie ou autre moyen de reprographie, on doit obtenir un permis en s'adressant à
CANCOPY (Canadian Copyright Licensing Agency),
1 rue Yonge, bureau 1900, Toronto, (Ontario) M5E 1E5.
Édition publiée par Les éditions Scholastic, 175, Hillmount Road, Markham (Ontario) L6C 1Z7.

5 4 3 2 1   Imprimé au Canada   0 1 2 3 4 / 0